Kaiken voittaa Rakkaus

Kaiken voittaa Rakkaus

Paavo Räisänen

Runoja ja kertomuksia

Olen julkaissut aiemmin BoD:in kustantamana 16 kirjaa.
Kirjailija sivuni: www.kirja-lakka.com

© 2023 Paavo Räisänen
Kustantaja: BoD – Books on Demand, Helsinki, Suomi
Valmistaja: BoD – Books on Demand, Norderstedt, Saksa
ISBN: 978-952-80-4310-2

1

Rakkaus voi muuttaa muotoaan

ja se muuttuu iän myötä

Kohde voi vaihtua

mutta timantit sulavat kuumuudessa

Rakkaus on ikuista

kuluttavainen tuli

joka säilyy

se kestää kaiken

ja kärsii kaiken

Hän oli suurin rakkaus

sillä Hän antoi henkensä

syntieni vuoksi

Kuka ei ole tarvinnut anteeksiantoa

eikö hän ole itse antanut anteeksi

sillä rakkaus ja anteeksianto

kuuluvat yhteen

vain tälle pohjalle

voi lopulta rakentaa

Hän kotiemme Herra

sovun rakentaa

antaa anteeksiannon

sovinnon

"Kaikki loppuu aikanaan,

armonsa ei milloinkaan"

Sillä kaikella on aikansa

Hänen armonsa

aina läsnä

katuvan

omistaa

Uskon silmä kantaa

aina määränpäähän

matkalla on määräetapit

vasta kuolemassa voitto

Hänen haavoissaan

Ilman toivoa

onko elämää

toivo tulevasta elämästä

Hänen häissään

ikuisissa

"Jeesus asuu omissansa"

elävän uskon rakentaa

antaa toivon

rakkauden

omantunnon hoitaa

laittaa äärelle Armoalttarin

sillä

"vain äänellisen saarnan kautta"

on syntien anteeksianto

Kristus

kuollut ja ylösnoussut

ja elää

ja vaeltaa keskellä laumansa

Sillä Hän on aina siellä

missä Hänen omansa

veljenä

ystävänä

Millainen on herrasmies

haluako hän rakkaan vaimon

ja rakastaa aina kuolemaan asti

itsensä uhraten

Sillä Jeesuskin oli kova Herrasmies

joka uhrasi itsensä

edestä rakkaittensa

omiensa

ostolaumansa

Rakkaus

kirkas vuoristopuro

sydämet yhdistää

ruusu kauneinkin

vain kukka mainen

sillä rakkaus on vahva voima

ei kestä

ilman anteeksiantoa

Hänen veressään

sovinto

kaunein sanako?

kaunein on rakkaus

se sovinnonkin rakentaa

Morsian

hän oli kaunis

mutta hän oli Herrassa kaunis

ja hyvin ryppyinen

Hän oli pilkka ja ylenkatse

mutta Yljälle rakas

Hän antoi henkensä

mutta ihmiset ylenkatsoivat Hänet

ja Hänen morsiamensa

,

Ihmisen ulkonäkö

on vai tietty ihon pinnan muoto

kuka sen voi arvostella

sillä "kauneus on katsojan silmissä"

ja oma rakas

aina miellyttävän näköinen

Prinssi ja hovineito

Oli prinssi joka oli rakastunut vieraan maan hovineitoon. Hän oli jo salaisesti saanut hovineidolta lupauksen avioliitosta. Mutta hänen herransa kuningas ei antanut hovineitoa, koska hän halusi naittaa prinssille tyttärensä prinsessan. Mutta prinssi ei ollut lainkaan kiinnostunut tästä kuninkaan tyttärestä. Mutta hovineitoa vartioitiin, ettei hän itse päässyt maasta. Niinpä prinssi varusti armeijansa, kävi lyömässä kuninkaan armeijan ja haki morsiamensa.

Totuus Tobiasta

Tobia otti Saaran puolisokseen enkeli Rafaelin kehotuksesta. Saaran isä vihki heidät, ennen kuin he olivat yhdessä, kuten avioväki, kuten he kauniisti asian sanoivat. Tobia sanoi, ettei ottanut Saaraa puolisokseen pahasta himosta, vaan hän halusi uskollisen elämänkumppanin, jonka kanssa saa lapsia. He aloittivat liiton rukoilemalla kolme yötä yhdessä, ennen sukupuolielämän aloittamista ja Jumala siunasi heidän liittonsa. Saaran isä oli selvästi uskovainen mies ja Saara ja Tobia kirjoittivat virallisen avioliittokirjan ennen yhteistä neitsytkamarissa eloaan. Saara oli jo vihitty seitsemälle miehelle, mutta paha henki oli tappanut nämä miehet, ennen kuin mies oli kerinnyt koskea Saaraan. Tobiaa uhkasi kuolemanpelko, mutta enkeli Rafael sanoi Saaran olevan hänelle tarkoitettu ja että hän voi turvallisin mielin ottaa Saaran.

Hänen rakkautensa

Ylienkeli Mikaelilla oli ongelma. Muut ylienkelit olivat saaneet kirjoittaa kirjoja, mutta hänen kirjoitustaitoonsa ei uskonut kukaan, koska kukaan ei usko, että sotapäällikkö osaa kirjoittaa ja hän on taivaallisten sotajoukkojen komentaja yhdessä Kristuksen kanssa. Mikael oli salaa hyvin romanttinen, vaikka sitä ei kukaan uskonut ja muut enkelit väittivät, ettei hänen rakkausromaaniaan koskaan julkaistaisi. Niinpä Mikael tarttui kynään ja alkoi kirjoittaa rakkaustarinaansa: "tuli räiskyi nuotiolla, tuli hiljaa leijaisi…".

Laulujen Laulu

Salomon kirjoittama Korkea Veisu, Laulujen Laulu on, kuten Luther ymmärsi, taivaallisen Yljän, Jeesuksen ja seurakunta morsiamen välistä vuoropuhelua. Se on kuitenkin myös rakkaustarina, joka elää rakastuneiden sydämessä. Jeesus hakee morsiamensa taivaallisiin häihin viimeisenä päivänä, eikä taivaassa enää mennä naimisiin, vaan kaikki ovat enkelien tapaan sukupuolettomia, uudessa ruumiissa.

Raamatun runous on väkevää:

"rakkaus on väkevä niin kuin kuolema

ja sen hehku kuin tulen hehku"

Kerran Jumalan uhrituli

poltti rakkaudellaan

veriuhrin puolestamme

sovinto

edestä synteimme

2

Oli rauhan maa

ja oli kuningas

Hän tahtoi rauhaa

mutta ei saanut sitä

Ja hänen sotansa

ei ollut tästä maasta

Hän tahtoi vain vain rauhaa...

miksi hänen täytyi aina sotia

oli rauha

oli kaukainen uni

oli uni rauhasta

uni

saiko Hän rauhan

Kansa huusi Hoosianna

kun Jeesus ratsasti kohti kuolemaa

Hän oli pelvoton

vaikka tiesi tuskanyönsä

jo pienenä lapsena

sitä koko ikänsä kantaen

siihen valmistuen

Että kerran huudetaan Hoosianna

"Siunattu olkoon Hän,

joka tulee Herran nimeen"

Mutta seassa oli heitä

Jotka huusivat

"ristille Hänet

joka tulee Herran nimeen"

Alku

Alussa oli vain Isä ja Poikakin on syntynyt, ei luotu. Mutta Jumala loi henkimaailman, joka oli hyvä. Mutta hengille tuli joku, jota emme saa tietää, että ne tahtoivat vietellä Jeesuksen ja ne muuttuivat pahoiksi hengiksi. Kun Jumala myöhemmin loi enkelit, nämä pahoiksi hengiksi muuttuneet henget viettelivät alkujaan hyväksi luodun saatanan, joka käärmeenä vietteli ensimmäisen ihmisparin ja nousi taivaassa kapinaan Jumalaa vastaan. Siitä on synti ja kuolema maailmaan tullut.

Raamattu toisaalta sanoo, että ihmisessä ei ole mitään omaa. Jonkun oman ihmiseen Jumala kuitenkin on luonut, että ihminen on vastuussa teoistaan. Samoin ilmeisesti kun pahat henget lankesivat, ne alkujaan olivat hyviä, mutta Jumala loi niihin jotain omaa ja tämä niiden oma sai ne himoitsemaan Jeesuksen synnitöntä osaa ja ne yrittivät vietellä Jeesuksen ja toki epäonnistuivat, mutta niistä tuli pahoja.

Ensimmäinen ihmispari lankesi, koska ei pystynyt vastustamaan kiusausta. Kiusaus kyllä tulee ja ihminen on heikko. Hänen kuuluu turvata Jumalaan ja Jeesukseen, joka on kiusauksen voittanut.

Ihmisessä on perisynti jo sikiämisestä lähtien. Kaikki maailman ihmiset ovat jo sikiämisessä osallisia Adamin lankeemuksesta Paratiisissa. Jeesus sovitti synnittömällä sikiämisellään, elämällään ja kuolemallaan myös perisynnin, eikä se kadota lasta. Perisynti saa ihmisen valtaansa, jos ei saa yhä uudelleen kuulla Evankeliumia syntien anteeksiannosta. Jo Vanhan Testamentin uskovaisilla oli lupaus tulevasta syntien sovittajasta, johon he uskoivat ja olivat jo silloin osallisia tulevasta sovituksesta.

Sydän taivaassa

käsi aurassa

käy uskovaisen tie

maisella matkalla

Vapahtaja käy

veljenä vierellä

lohduttaa matkalla

heikkoa kulkijaa

Mooseksen loppu

Moosen luki kauhean lain, mistä ihmiskunta on tuhansia vuosia häntä syyttänyt. Yksin kuoleminen on hirveä kokemus, jota harva haluaa kokea. Mooses käveli kerran itse yksin vuorelle kuolemaan Jumalan eteen, yksin, nähden armollisen Jumalan, jonka luottavaisesti kohtasi ja joka hänet hautasi, eikä hänen hautaansa koskaan ole löydetty.

Saulin ja Daavidin tarina

Kuningas Saul tiesi, että Daavid oli Jumalalta voideltu kuninkaaksi hänen jälkeensä. Hän tiesi rikkoneensa pahasti Jumalaa vastaan. Miksi hän ei tehnyt parannusta, emme tiedä. Hän kunnioitti Daavidia ja hänen henkeään, koska tiesi Herran olevan hänen takanaan. Saul tunsi, ettei voi antaa kruunuaan nuorelle pojalle, vaan hänen on jatkettava kuninkaana Daavidin voitelusta huolimatta. Hän olisi monesti voinut surmata Daavidin, vaan uhkasi sillä, muttei tehnyt. Saul ei kuitenkaan nöyrtynyt parannukseen, sillä varmasti Jumala olisi hänetkin armahtanut, mutta hänen oli kuninkaana vaikea nöyrtyä siitä synnistä, että hän oli ottanut itseensä kuninkaaksi valinnan, vaikka hänet oli Jumala armosta valinnut ja voiteluttanut.

Jesaja

Separphi

kosketus hiilellä

evankeliumi

pesee

"vain äänellisen saarnan kautta"

Hän sai nähdä Jumalan kunnian

lupauksen

Hesekiel

ja luut kedolla

Hän luo kuolleesta elävää

ja rajaton on Hänen valtansa

kuollut herää elämään

ihme

silmäimme edessä

kuoleman voittaja

kuollut

ja ylösnoussut

kuningas

päällä maan ja taivaan

Kala hiilloksella

murrettu leipä

Sillä Hän murtaa leipää

edelleen seurakunnassaan

"tule ja katso"

Hänen verensä

viinissä

salaisuus

kerrottu

leipä

ja ruumis

"Meidän edestämme annettu"

Mooseksen osa

Mooseksen osa oli vaikea. Hän ylöskirjoitti Jumalan antaman lain. Hän itse tiesi, koska oli Jumalalta tämän ilmoituksen saanut, että hänen kirjoittamansa laki oli enemmän hengellinen, eikä sitä saanut kokonaisuudessaan säätää maalliseksi laiksi. Yksikään Israelin uskovainen kuningaskaan ei näin ollen lakia kokonaisuudessaan säätänyt voimaan. Mooses tiesi Jumalan hänelle antaman lain mahdottomaksi ja vaikka hän sai lain Jumalalta, hän salaisesti paljasti totuuden pappi Aaronille.

Historia Susannasta ja Danielista

kertoo

ihmisten kateuden

himon

oikeamielisen tuomarin korkea ohje

kuinka tuomita

oikeuden mukaan

paljastaa vale ja kateus

tuomita

Herran tuomio

Jumalan Valtakunnassa

on vain syntisiä ihmisiä

armahdettuja

sovintoverellä pestyjä

sieluja

Paavali

näky tiellä

Ananias ja armahdus

tehtävä

Pakanain apostoli

kirjeet

ja saarna

3

Raamattu kätkee monia salaisuuksia, joita ihminen ei koskaan ymmärrä. Suurin salaisuus on Jumalan persoona, josta Raamattukin sanoo, että Jumala on salattu Jumala. Emme myöskään koskaan voi ymmärtää Jeesuksen koko sovitustyötä ja Hänen persoonaansa, että Hän oli tosi ihminen ja tosi Jumala ja Hän kantoi lihassaan himonkin ristille, sitä tuntematta ja että Hän ei koskaan tehnyt edes ajatuksen syntiä.

Raamattu ei kerro kaikkea, mitä on tapahtunut, vaan jättää Pyhällä Hengellä tutkittavaksi asioita. Esimerkiksi kuningas Hiskia oli uskovainen kuningas, jolla oli vara sanoa Jumalalle, kuinka hän on uskollisesti Jumalaa palvellut. Tällaista ei kukaan voi sanoa. Hiskia on varmasti tehnyt parannuksen siitä, että hän syyllistyi omavanhurskauteen ja hän oli Jumalan mielen mukainen kuningas, vaikka ei ollut virheetön kaikessa työssään.

Marttyyrit

Heidän kuolemanpelkonsa

oli otettu pois

He kärsivät tuskaa

mutta palaessaan tulisoihtuna

keisari Neron puutarhassa

heidän kipuaan

oli helpotettu

Heidän kotinsa

ei ollut täällä synnin maassa

Ah, ei se on kaukana tuol

He olivat vain käymässä

vieraan maan päällä

ja ihana oli heidät kotinsa

ja heidän kärsimyksensä

voitto

Paavali

vankiholvi

kuoleman odotus

hän oli tyyni

Sillä kotiranta

siinsi jo hänen edessään

Hän

kuolema voittaja

veriuhri edestämme

syntien sovitus

vapaus

rauha

ilo

Elämän onni

olla osallinen

Hänen haavoistaan

rauha

lepo

Herrassa

Syntisinkin ihminen

saa levon Herrassa

kun ottaa armon vastaan

pesee tuntonsa

sovintoverellä

Kaiken voittaa Rakkaus

sillä Jumalan rakkaus

on ylitsevuotava

syntistä ihmistä kohtaan

joka tunnustaa syntinsä

ja turvautuu

Jumalan armoon

ja armoevankeliumiin